Luz de noche

CIENCIA
ASOMBROSA

Un libro sobre la Luna

por Dana Meachen Rau   **ilustrado por Denise Shea**   **Traducción: Sol Robledo**

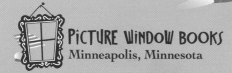

PICTURE WINDOW BOOKS
Minneapolis, Minnesota

Agradecemos a nuestros asesores por su pericia, investigación y asesoramiento:

Dr. Stanley P. Jones, Director Adjunto
NASA-sponsored Classroom of the Future Program

Susan Kesselring, M.A., Alfabetizadora
Rosemount-Apple Valley-Eagan (Minnesota) School District

Dirección editorial: Carol Jones
Dirección ejecutiva: Catherine Neitge
Dirección creativa: Keith Griffin
Redacción: Christianne Jones
Asesoría de narración: Terry Flaherty
Diseño: Joe Anderson
Composición: Picture Window Books
Las ilustraciones de este libro se crearon con medios digitales.
Traducción y composición: Spanish Educational Publishing, Ltd.
Coordinación de la edición en español: Jennifer Gillis/Haw River Editorial

Picture Window Books
5115 Excelsior Boulevard
Suite 232
Minneapolis, MN 55416
877-845-8392
www.picturewindowbooks.com

Impreso en los Estados Unidos de América.

Library of Congress Cataloging-in-Publication Data
Rau, Dana Meachen, 1971-
[Night light. Spanish]
Luz de noche : un libro sobre la Luna / por Dana Meachen Rau ; ilustrado
por Denise Shea ; traducción Sol Robledo.
p. cm. — (Ciencia asombrosa)
Includes bibliographical references and index.
ISBN-13: 978-1-4048-3223-7 (library binding)
ISBN-10: 1-4048-3223-8 (library binding)
ISBN-13: 9781-4048-2517-8 (paperback)
ISBN-10: 1-4048-2517-7 (paperback)
1. Moon—Juvenile literature. I. Shea, Denise, ill. II. Title.
QB582.R3918 2007
523.3--dc22
2006027141

Contenido

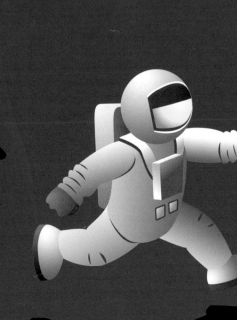

Los amigos del espacio

¿Tienes una amiga o un amigo especial? ¿Les gusta hacer cosas juntos?

La Tierra y la Luna son como dos amigos especiales. La Luna es el vecino de al lado. La Tierra y la Luna siempre están juntas.

DATO CURIOSO

La Luna gira alrededor de la Tierra todo el tiempo.

Recorre un camino ovalado que se llama órbita.

La fuerza de la gravedad

¿Tú y tu mejor amigo o amiga se toman de las manos?
Tomarse de las manos los mantiene juntos.

La Tierra y la Luna no se toman
de las manos. Pero la gravedad
las mantiene juntas. La
gravedad es la fuerza
que atrae entre sí
a la Tierra y la Luna.
Esta fuerza evita
que se alejen.

DATO CURIOSO

¡La Tierra también te atrae a ti!
Evita que flotes al cielo.

La cara de la Luna

La Luna tiene manchas oscuras y claras. Algunas personas creen que la Luna parece una cara. ¿Alguna vez has buscado una cara en la Luna?

Unas noches, la Luna brilla mucho. La luz es tan brillante que forma sombras en el suelo. Pero la Luna no produce luz. La luz que vemos es el reflejo de la luz del Sol sobre la Luna.

DATO CURIOSO

Un lado de la Luna mira hacia la Tierra. El otro lado mira hacia el espacio. Desde la Tierra sólo podemos ver un lado de la Luna. Nunca vemos el otro lado.

Las fases de la Luna

A veces la Luna parece un círculo brillante. La llamamos Luna llena.

La Luna no se ve redonda todo el tiempo. Parece que se adelgaza. ¡Luego parece que desaparece! Fíjate bien. Pronto sale otra vez. Empieza delgadita y crece hasta que se ve como un círculo otra vez. Esos cambios de aspecto de la Luna se llaman fases.

DATO CURIOSO

La Luna no cambia de forma. Pero así la vemos desde la Tierra. El Sol brilla sobre la mitad de la Luna. Las fases son lo que podemos ver de esa mitad iluminada.

Las rocas de la Luna

La Luna está formada por rocas. En el espacio flotan muchas rocas. Hace mucho tiempo, algunas de esas rocas se estrellaron con la Luna.

La Luna está llena de hoyos que hicieron las rocas al estrellarse. Los hoyos se llaman cráteres.

DATO CURIOSO

La Luna tiene partes planas y partes con cráteres. También tiene montañas y cerros.

Las visitas al espacio

En este momento nosotros no podemos vivir en la Luna. No hay aire para respirar.

Varios astronautas han visitado la Luna. Se ponen trajes espaciales. Los trajes tienen aire adentro para que los astronautas puedan respirar.

DATO CURIOSO

Los astronautas pesan menos en la Luna que en la Tierra debido a la gravedad. Es muy difícil caminar porque pesan poco. Tienen que brincar.

El tiempo en la Luna

En la Luna el tiempo no cambia. No sopla viento. La lluvia no gasta las rocas. La Luna se ve igual que hace millones de años.

20 de julio de 1969

A diferencia de la Luna, la Tierra cambia todo el tiempo. El tiempo es distinto en toda la Tierra, lo que produce muchos cambios.

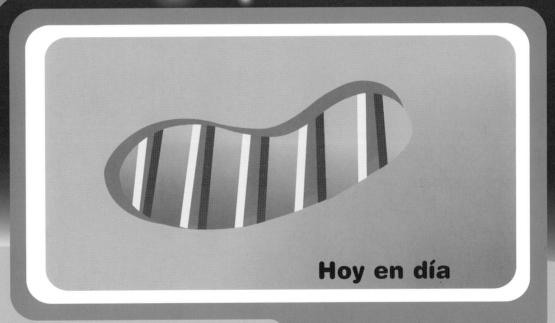

Hoy en día

Marea alta, marea baja

¿Has estado en el mar? Unas veces la playa es ancha porque el nivel del agua está bajo. Ésa es la marea baja. Otras veces la playa es angosta porque el nivel del agua está alto. Ésa es la marea alta.

La Luna produce las mareas. La Luna atrae a la Tierra y hace que el agua se aleje de la orilla.

DATO CURIOSO

En la mayoría de las costas hay una marea alta y una marea baja todos los días. La marea alta puede deshacer un castillo de arena. La marea baja deja al descubierto interesantes plantas y animales para estudiar.

Siempre juntos

Tú y tus amigos hacen cosas juntos. Ellos se mantienen cerca de ti para acompañarte.

La Luna y la Tierra son como los amigos. Se mantienen unidos en el espacio.

DATO CURIOSO

Un mes es el tiempo que tarda la Luna en darle una vuelta a la Tierra. La Luna le da 12 vueltas a la Tierra en un año. Es el número de meses que tenemos en nuestro calendario.

Crea cráteres

Materiales
* un molde de metal para hornear con bordes
* arena
* una pelota de tenis
* una pelota de golf
* una pelota de goma más pequeña

Pasos:

1. Sal y llena de arena el molde.

2. Párate al lado del molde y deja caer la pelota de tenis en la arena. Sácala sin mover la arena. ¿Cómo es el cráter que hizo? ¿Es grande o pequeño? ¿Es liso o tiene baches?

3. Ahora, deja caer la pelota de golf en la arena. Después deja caer la pelota más pequeña. ¿Cómo son los cráteres que hicieron?

4. Párate a unos pies de distancia de la arena. Tira las pelotas a la arena una por una. ¿Estos cráteres son distintos a los anteriores?

5. Ahora, piensa en la Luna. La arena es como la superficie de la Luna. Las pelotas son como las rocas. ¿Crees que las rocas grandes y chicas hacen distintos cráteres en la Luna? ¿Crees que la forma en que las rocas se estrellan contra la Luna cambia la forma de los cráteres?

Sobre la Luna

Menguante y creciente

Cuando parece que la Luna se achica, se llama Luna menguante. Cuando parece que se agranda, se llama Luna creciente.

De visita

Doce hombres han visitado la Luna. Estudiaron rocas y cráteres. Unos manejaron un coche especial en la superficie de la Luna.

Recuerdos rocosos

Los astronautas estudiaron las rocas de la Luna. También trajeron rocas para estudiar en la Tierra.

Grande y pequeña

La Luna es mucho más pequeña que la Tierra. La Luna es más o menos del tamaño de África. Cuatro lunas juntas tienen el tamaño de la Tierra.

Cielo negro

El cielo de la Tierra es azul porque alrededor de nuestro planeta hay aire. Alrededor de la Luna no hay aire. El cielo de la Luna siempre es negro, incluso durante el día.

Glosario

astronauta—persona que viaja al espacio

cráter—hoyo que forman las rocas al estrellarse

fases—diferentes formas de la Luna

gravedad—fuerza natural que atrae entre sí a la Luna y la Tierra

marea—nivel del mar que sube y baja

órbita—camino ovalado que recorre un objeto alrededor de otro en el espacio

Aprende más

En la biblioteca

Bredeson, Carmen. *La Luna*. Nueva York: Children's Press, 2004.

Hayden, Kate. *Astronauta: La vida en el espacio*. Glenview, IL: Scott Foresman, 2003.

Wills, Shirley. *Dime por qué cambia de forma la Luna*. Nueva York: Franklin Watts, 1999.

En la red

FactHound ofrece un medio divertido y confiable de buscar portales de la red relacionados con este libro. Nuestros expertos investigan todos los portales que listamos en FactHound.

1. Visite *www.facthound.com*
2. Escriba una palabra relacionada con este libro o escriba este código: 1404811362
3. Oprima el botón FETCH IT.

¡FactHound, su buscador de confianza, le dará una lista de los mejores portales!

Índice

Busca más libros de la serie Ciencia asombrosa:

Altas y bajas, blancas y grises: **Un libro sobre las nubes**

Caliente y brillante: **Un libro sobre el Sol**

Giran en el espacio: **Un libro sobre los planetas**

Puntos de luz: **Un libro sobre las estrellas**

Sobras del espacio: **Un libro sobre cometas, asteroides y meteoroides**